Manole

SANDUÍCHES

50 das melhores receitas

ACADEMIA BARILLA

editado por

Academia Barilla

fotografias de

Alberto Rossi
Chef Mario Grazia
Chef Mario Strollo
Chef Luca Zanga

receitas de

Chef Mario Grazia

texto de

Mariagrazia Villa

projeto gráfico de

Marinella Debernardi

coordenação editorial pela Academia Barilla

Chato Morandi
Ilaria Rossi
Leanne Kosinski

SUMÁRIO

Ovo-lacto-vegetarianos **69**

Peixes e frutos do mar **99**

O PRAZER INIGUALÁVEL DE UMA IGUARIA COMPLETA

Marechal Antonio Carotenuto: "O que você está comendo?" Fazendeiro: "Pão, Marechal!"
Marechal: "E o que você coloca nele?" Fazendeiro: "Imaginação, Marechal!"
Diálogo retirado de *Pão, amor e fantasia* (dirigido por Luigi Comencini, Itália, 1953)

Gastronomia expressa: o sanduíche é prático, completo, colorido e apetitoso. Podemos nos perguntar: por que ele foi tão bem-sucedido? Bem, porque tem tudo que é necessário para conquistar multidões de fãs. Ele vai ao encontro da pressa cada vez mais frenética da vida cotidiana (cabe em uma bolsa ou uma pasta para ser apreciado como lanche ou durante o intervalo para o almoço); satisfaz a necessidade de uma refeição nutricionalmente equilibrada se recheado com os ingredientes certos (como vegetais e alimentos ricos em proteínas de origem animal ou vegetal); também atrai o olhar com sua aparência colorida e convidativa (e todo mundo sabe que também comemos com os olhos...); e enfeitiça o paladar com seu delicioso sabor (com frequência acentuado por molhos e condimentos extremamente saborosos). Em resumo, o sanduíche não deveria ser relegado à porção mais baixa da escala gastronômica e rotulado como alimento para crianças por ser rápido e barato de se fazer, mas sim considerado uma refeição tão válida quanto um prato bem-feito. Não uma "gata borralheira", portanto, mas um prato rico e satisfatório que pode substituir, por seus próprios méritos, um almoço ou um jantar: uma princesa que mesmo os mais finos *chefs* têm cortejado nos últimos tempos.

De comida de rua à inventividade de um gênio

As origens do ato de rechear o pão com outros alimentos perderam-se no tempo; talvez remetam às origens do próprio pão. O certo é que apreciar o pão recheado tornou-se uma prática comum na Roma Antiga e persistiu ao longo do tempo. A atual Via Panisperma, em Roma, por

exemplo, parece dever seu nome ao costume de distribuição de "*panis ac perna*" - ou seja, pão de mosto com presunto cozido em água infundida com figos secos - aos pobres no dia do banquete de São Lourenço, 10 de agosto, pelas Clarissas do monastério da Igreja de São Lourenço, em Formosa. Um bom exemplo de comida de rua ao estilo italiano que estava à frente de seu tempo.

Contudo, a história do sanduíche também parece envolver o gênio errante que foi Leonardo da Vinci. Somando-se ao fato de ser pintor, escultor, escritor, anatomista, músico, inventor, cientista e engenheiro, ele também parece ter nutrido certos interesses culinários. Em outras palavras, ele foi um homem da Renascença em todas as perspectivas. Ninguém sabe ao certo se ele foi o autor do chamado *Codex Romanoff*, mas, se for verdade, ele apresenta nesse texto a primeira receita de hambúrguer: "eu pensei em pegar uma fatia de pão e colocá-la entre dois pedaços de carne: mas como chamarei tal prato?"

Do conde Sandwich ao Paris Ritz

A resposta às questões do *Codex Romanoff* chegariam cerca de dois séculos depois, em meados do século XVIII, vindas de um nobre inglês, lorde John Montagu, o conde de Sandwich. Um experiente jogador de cartas, ele fazia qualquer coisa para não deixar a mesa de mãos vazias. Assim, desenvolveu o hábito de fazer com que servissem seu jantar típico em uma versão mais ligeira e fácil de administrar enquanto jogava no Country Club: rosbife frio entre duas fatias de pão besuntadas com manteiga. Para um homem de seu *status*, comer com as mãos em uma mesa de jogo era um ato ao mesmo tempo não convencional e corajoso. Apesar disso, sua ideia tão astuta foi aos poucos sendo aceita e copiada pela alta sociedade, cruzou o Atlântico e alcançou os círculos particulares da Costa Leste americana. Ali, no final do século XIX, as generosas camadas desse lanche originalmente britânico foram aumentadas e ele passou a ser servido cortado ao meio ou em quatro partes, tornando-se o opulento *club sandwich* inventado pelo Saratoga Country Club, não muito distante de Nova York. Era uma iguaria realmente ultrarrecheada: duas camadas de frango ou peru fatiado, bacon, alface-americana, tomate e maionese entre duas fatias de pão branco torrado, separadas por outra fatia de pão no centro (hoje, ele é quase sempre acompanhado por uma generosa porção de batatas fritas ou *chips*). De todos os lanches, foi o *club*, o mais popular na época, que fez o caminho de volta à Europa no início do século XX. Ele aterrissou nos cardápios mais refinados dos hotéis de Paris, em particular no Ritz, onde se tornou o lanche favorito da alta sociedade e da elite cultural, encontrando fãs famosos em personalidades como Ernest Hemingway e Salvador Dalí.

O *tramezzino*, por outro lado, nasceu em 1926, no Caffè Mulassano, em Turim. Seu nome foi criado pelo escritor e poeta Gabriele D'Annunzio de modo a italianizar o *sandwich* inglês. O nome é uma brincadeira com *intramezzo*, que significa "no meio", porque o *tramezzino* é desfrutado como um petisco entre as principais refeições do dia. Esse sanduíche triangular consiste em dois pedaços de um pão macio e geralmente sem casca, recheados com frios, queijos, vegetais ou outros ingredientes, e uma camada de maionese ou outro molho. Ele acrescentou um novo nível de sofisticação ao conceito de "sanduíche para o chá", aquele pequeno lanche com manteiga e recheado com pepinos, mas também com frios e queijos, servido na hora do chá na Inglaterra. O sanduíche para o chá deve sua origem à criatividade e ao apetite de Anna Maria Stanhope, a duquesa de Bedford, que, sem se contentar em ter que esperar pela ceia para poder comer algo, criou esse quitute no início do século XIX.

Entre cachorros-quentes e senhores e madames comendo

Todo país tem seu pão e recheio típicos de sanduíche, que são com frequência tão convidativos que despertam o desejo de viajar pelo mundo. Alguns exemplos? O "cachorro-quente" americano, que, apesar do nome duvidoso (inventado pelo cartunista americano Tad Dorgan no início do século XX como uma publicidade para as salsichas *dachshund*, salsichas pequenas e apimentadas que eram vendidas no estádio durante os jogos de futebol americano dos New York Giants), consiste em uma salsicha, em geral temperada com *ketchup*, maionese ou mostarda e acompanhada por vegetais como repolho azedo, em um pão de leite macio e alongado, levemente menor que a salsicha. A versão alemã desse lanche, na qual a salsicha é bem maior do que o pão e a maionese é absolutamente proibida, sendo a mostarda o único condimento aceitável, é decididamente diferente.

O México é o lar de diversos tipos de sanduíches feitos utilizando as *tortillas* de farinha de milho, como os *tacos*, cobertos com carne e dobrados; os *burritos*, servidos enrolados como *cannoli* e recheados de carne de boi, porco ou frango; e as *quesadillas*, recheadas de queijo e vegetais. O Japão é o lar do famoso *katsu-sando*, um sanduíche composto por duas fatias de pão branco passadas na manteiga e recheadas com hambúrguer de frango à milanesa sobre uma cama de alface. A Austrália é o lar dos pãezinhos de camarão, que são feitos de pão branco recheado com camarão frito ou cozido a vapor, molho de coquetel e algumas folhas de alface. Na Turquia e em outros países do Oriente Médio, o rei das comidas de rua é o *kebab*: um sanduíche recheado com cordeiro e carne de boi, carneiro ou frango marinada em uma mistura de ervas e temperos orientais e assada em um espeto giratório vertical. Na França, além da baguete com sua casca dourada e crocante, que normalmente é recheada com presunto cozi-

do e queijo gruyère, o sanduíche mais popular é o chamado "Croque-monsieur". Grelhado e recheado com presunto e queijo, normalmente emmental ou gruyère, seu nome deriva de *croquer,* que significa "comer", e *monsieur,* "senhor". Ele surgiu pela primeira vez em um café de Paris em 1910 e foi mencionado oito anos depois pelo escritor Marcel Proust em seu livro *Em busca do tempo perdido.* Se coberto por um ovo frito, que faz lembrar um chapéu feminino, o *Croque-monsieur* se torna um "Croque-madame".

Em Portugal, o sanduíche por excelência, a *francesinha,* é um tipo de super-*Croque-monsieur* ou *Croque-madame.* Ele é servido com presunto curado, linguiça ou bife, queijo derretido, tomate fresco e um molho à base de cerveja. Na Grécia, por sua vez, a *fast-food* típica é representada pelo pão pita coberto com *souvlakia,* cortes de carne e vegetais geralmente acompanhados por tomates e molho *tzatsiki.* Na Holanda, o sanduíche mais amado é recheado de *kroket,* um cilindro frito feito de batatas e farelo de pão ou uma mistura de carne, frango, vegetais ou queijo. Nos países do norte da Europa, as especialidades locais vão para a criação de sanduíches que são verdadeiramente originais, com o *smørrebrød* dinamarquês: um sanduíche aberto, feito com uma fatia de pão preto de centeio coberta por um arranha-céu de delícias que incluem Danablu (um queijo picante típico), carne ou arenque defumado, frango, linguiça, salmão, caviar, filés de truta, camarões, ovos, etc.

O lanche mais glamouroso (e o mais caro)

Esta ideia é fruto de um restaurante muito chique no centro de Londres chamado Honky Tonk. O "*glamburger*", como foi definido pelo *chef* Chris Large, é até hoje o sanduíche mais caro do mundo, tanto pela qualidade de seus ingredientes como pelo tamanho da conta bancária necessária para poder apreciá-lo. Trata-se de uma joia: a carne do hambúrguer, deliciosa, vem de cortes Kobe Wagyu, importados do Japão (o gado recebe massagens e relaxa ao som de Mozart), e peças de veado da Nova Zelândia, lagosta canadense aromatizada com caviar e açafrão iraniano, queijo trufado, bacon encharcado em xarope de bordo canadense, ovos de pata cobertos em folhas de ouro puro e uma pitada de sal defumado do Himalaia. Até o pão não é da variedade simples que se encontra nos supermercados: trata-se de um brioche temperado com chá Matcha, o mais caro disponível no mercado. Para terminar, um borrifo de champanhe e algumas raspas de trufa branca, só para aumentar o valor mais um pouquinho. Tudo isso pode ser obtido por uma bagatela... 1.400 euros!

O sanduíche nos filmes

O sanduíche é tão universalmente popular e tão capaz de incorporar emoções e histórias que apareceu várias vezes na história do cinema. Do pão coberto por creme de chocolate e avelã que Nanni Moretti tira de uma jarra maior do que a mesa da cozinha em *Bianca* (1984) até o biscoito água e sal com *ketchup*, mostarda e maionese que Tom Hanks prepara para si mesmo em *O terminal* (2004). Desde o Big Kahuna Burger, de uma rede fictícia de *fast-food* com tema havaiano inventada por Quentin Tarantino e usada em vários de seus filmes e saboreado por Samuel L. Jackson em *Pulp fiction* (1994), até o sanduíche de manteiga de amendoim e geleia comido pelo pequeno Bastian, o protagonista de *A história sem fim* (1984). Desde o Sexy Deli Meat pedido por Meg Ryan em *Harry* e *Sally - feitos um para o outro* (1989), que mudou o humor dela de um modo que é, no mínimo, surpreendente, até o peru no pão de centeio comido pelo tenente Robert de Niro em *Cop Land* (1997).

A arte de preparar um bom sanduíche

Um sanduíche bem-sucedido é uma experiência sinestésica, uma harmonia de aromas, sabores, cores, texturas e sons que começa com o pão, o qual a pessoa, naturalmente, precisa saber como combinar com o tipo certo de recheio.

Há uma grande variedade de pães entre os quais escolher na tradição italiana, do norte ao sul. Desde a macia *focaccia* até a crocante *ciabatta*; do pão *sfilatino* até os pãezinhos *rosetta* ou *michetta*; desde o *tigella* de Modena até o *Pane di Altamura* e a *frisella* apuliana. O pão pode ser feito utilizando-se azeite, manteiga ou leite; sem sal ou com outro grãos além do trigo, como o espelta, o trigo Kamut e o centeio. Ele pode ser assado em um forno a lenha ou elétrico, e seu formato pode assumir múltiplos contornos.

Para receitas de sanduíches que pedem ingredientes preservados em vinagre ou azeite, é melhor evitar pães que esfarelem, pois eles podem absorver vinagre ou azeite em excesso. Por outro lado, pães desse tipo são ideais para sanduíches com condimentos como a maionese, pois a absorvem e evitam que escorra.

Para sanduíches recheados com frios curados ou aqueles de sabor particularmente forte, é melhor escolher pães achatados ou com pouco fermento, como a *schiacciata* ou a *ciabatta*.

O sanduíche é uma obra de arte gastronômica potencialmente infinita, por estar continuamente mudando não apenas sua tela, que é a variedade disponível dos tipos de pães, mas também a paleta, representada pelos milhares de recheios possíveis. Na verdade, o sanduíche perfeito também é definido por seu recheio. A escolha de recheios rapidamente se transformou de uma rápida solução ou uma operação para esvaziar a geladeira em uma arte refinada e elaborada capaz de unir muitos ingredientes diferentes, acentuados por ervas ou

temperos que atraem e inspiram nosso olfato até mesmo antes de envolver nosso paladar, e por molhos primorosos que tornam o sanduíche ainda mais delicioso e saboroso.
Alguns truques: se você estiver recheando o sanduíche com queijos macios e suaves, as fatias de pão devem receber uma fina camada de manteiga, pois suas propriedades de repulsão à água vão evitar que o pão fique amolecido demais. Se utilizar queijos macios, como a mussarela, o queijo de cabra ou tomino, recomenda-se temperar com azeite, uma pitada de sal e um pouco de pimenta-do-reino. Por outro lado, se escolher queijos duros, como o pecorino curado ou raspas de queijo parmesão, é melhor introduzir alguns ingredientes capazes de adicionar suavidade ao recheio, por exemplo pimentão assado, berinjela grelhada, alho-poró caramelizado ou tomate fresco fatiado, ou ainda purê de frutas ou vegetais, manteiga aromatizada com outros ingredientes, cremes, patês ou molhos; e outros ingredientes capazes de adicionar refrescância, como rúcula, alface ou *radicchio*. Todas as carnes são ótimas para rechear sanduíches, desde a mais magra, como a *bresaola*, até as mais ricas em calorias, como o salame ou a mortadela; além delas, todo tipo de peixe de água-doce ou salgada, que são melhores quando feitos em filé e grelhados ou assados no vapor.

As ferramentas desse ofício

Para fazer um bom sanduíche, que deve ser sempre preparado na hora, levemente prensado, embrulhado, apertado em um guardanapo para permitir a circulação de ar e consumido no período máximo de um dia, não é preciso ter as ferramentas de um *chef*, apenas uns poucos utensílios fundamentais. Acima de tudo, é necessária uma boa faca serrilhada para cortar pão, independentemente do tipo escolhido, o que facilita no corte de alimentos mais duros no exterior e macios no interior.

Em seguida, para passar manteiga nas fatias de pão, é preciso um boleador de manteiga, um utensílio pequeno e curvado com a ponta serrilhada para fazer bolinhas de manteiga quando se raspa ao longo de sua superfície; e a clássica espátula, uma faca sem corte com formato arredondado usada para espalhar manteiga e vários molhos.

Para preparar esses molhos, um liquidificador pode ser útil. Para cortar e descascar vegetais, além de frutas, se elas aparecerem como ingredientes em algum recheio, e para fatiar frios, queijos e ovos cozidos, uma faca pequena e bem afiada e uma tábua de corte são úteis para se ter à mão.

Além disso, recomenda-se também uma torradeira, o eletrodoméstico que, após receber um mecanismo de salto e um temporizador do americano Charles Strite em 1919, contribuiu para difundir a torrada pelo mundo todo; um forno elétrico ou uma chapa para torrar as fatias de pão para deixá-las crocantes e acrescentar mais sabor.

Cinquenta receitas *gourmet*

A Academia Barilla, um centro internacional dedicado à divulgação da cozinha italiana, selecionou cinquenta receitas de sanduíches com "S" maiúsculo. Não sanduíches quaisquer, lanchinhos rápidos para comer antes de sair, mas iguarias *gourmet* (afinal, até os amantes da boa comida às vezes sentem a necessidade de uma injeção de energia cinco estrelas sem todo o arranjo de mesa). O pão e seu recheio podem alcançar o topo da gastronomia se o recheio for preparado utilizando-se ingredientes de qualidade e "projetado" com combinações bem escolhidas e um toque de estilo. Com ótimos produtos tradicionais de diferentes regiões da Itália como ingredientes, o sanduíche pode se tornar uma pequena obra-prima de sabor.

Assim, temos aqui frios que venceram prêmios da tradição italiana, como o presunto Parma e o *speck* Alto Adige; queijos deliciosos, frescos e curados, como o mussarela, o gorgonzola e o fontina; uma magnífica variedade de vegetais, frescos, cozidos no vapor, grelhados, em conserva no azeite ou no vinagre; peixe assado ou defumado; carnes assadas e condimentos mundialmente famosos, como o vinagre balsâmico de Modena.

Esses não são apenas lanches totalmente italianos, mas também sanduíches que pedem por pães de outros países, como o *naan* (característico da Índia), aqui recheado com frango Tandoori, cebolas roxas assadas, iogurte e coentro; ou aqueles que substituem os pães italianos em clássicos da culinária de Nova York, como o sanduíche com salmão defumado e queijo cremoso. Trata-se de sanduíches que se distinguem, como a culinária italiana, pelos ingredientes naturais e saudáveis, bem como pela simplicidade elegante do produto final e, acima de tudo, servem como um convite à verdadeira comunhão.

Porque, na Itália, o sanduíche é como a massa ou a pizza: uma oportunidade para passar algum tempo na companhia de outras pessoas. Um delicioso *tramezzino* com atum e milho verde, pingando maionese, para uma noite de chinelos, vendo TV com a família no sofá; um *club sandwich* com vinagre balsâmico, frango, rúcula e *pinoli* para desfrutar com os amigos da academia depois de um treino; uma *ciabatta* com vitela assada, vegetais crocantes e molho de mel e mostarda para um almoço com os colegas de trabalho; um sanduíche com salame, ricota e figo para um piquenique de domingo; um brioche com patê de *foie gras*, ameixa seca e trufas negras para um encontro de dar água na boca... O que estamos esperando, então? Vamos fazer um delicioso sanduíche!

CARNES E FRIOS

CECINA COM CORDEIRO ASSADO, TOMATE SECO E PESTO DE AZEITONA

INGREDIENTES PARA 4 SANDUÍCHES

Para a *cecina*

150 g ($1\,^{2}/_{3}$ de xícara) de farinha de grão-de-bico
500 mL (cerca de 2 xícaras) de água
50 mL ($3\,^{1}/_{2}$ colheres de sopa) de azeite extravirgem
sal e pimenta-do-reino

Para o cordeiro assado

500 g de paleta de cordeiro desossada
1 ramo de alecrim
1 dente de alho
10 mL (2 colheres de chá) de azeite extravirgem
sal e pimenta-do-reino

50 g ($^{1}/_{2}$ xícara) de tomate seco conservado em azeite

Para o pesto de azeitona

50 g ($^{1}/_{3}$ de xícara) de azeitonas pretas sem caroço
azeite extravirgem

MODO DE PREPARO

Misture a farinha de grão-de-bico com a água fria, tempere com sal e pimenta e deixe que descanse por 12 horas. Coloque o cordeiro em uma assadeira, tempere com sal e pimenta e acrescente o azeite. Adicione o alecrim e o dente de alho inteiro e asse a 160°C por cerca de 45 minutos. Use uma escumadeira para retirar a espuma que se formará na superfície da massa de grão-de-bico. Despeje o azeite em uma assadeira ampla e rasa; acrescente a mistura de farinha de grão-de-bico e água e mexa com uma colher de pau (a massa deve ficar com poucos milímetros de profundidade). Asse a 220°C até que a superfície da *cecina* fique dourada. Para o pesto, coloque as azeitonas no liquidificador. Pulse por alguns segundos, em seguida acrescente um fio de azeite e pulse mais um pouco. Continue dessa forma até obter um creme homogêneo. Corte a *cecina* em pedaços, recheie com o cordeiro fatiado fino, os tomates secos e o pesto de azeitona. Sirva

Tempo de preparo: 30 min Tempo de descanso: 12 h Tempo de cozimento: 1 h
Nível de dificuldade: baixo

CIABATTA COM FILÉ DE FRANGO À MILANESA, MOLHO DE TOMATE E MUSSARELA DE BÚFALA

INGREDIENTES PARA 4 SANDUÍCHES

4 *ciabattas* com cerca de 135 g cada
400 g de peito de frango cortado em 4 fatias
250 g (1 xícara) de molho de tomate
250 g de mussarela de búfala fresca
1 ovo
120 g (3/4 de xícara) de farinha de rosca
30 g (2 colheres de sopa) de manteiga
30 mL (2 colheres de sopa) de azeite extravirgem
farinha de trigo
1 ramo pequeno de manjericão
sal

MODO DE PREPARO

Passe as fatias de frango na farinha de trigo, em seguida no ovo batido e finalmente na farinha de rosca, certificando-se de que tudo esteja bem aderido.

Frite os filés em uma frigideira com azeite e manteiga, virando-os na metade do processo.

Assim que estiverem fritos, tempere com sal. Seque com papel-toalha.

Corte as *ciabattas* horizontalmente ao meio.

Coloque os filés na metade de baixo, acrescente 2 colheres de molho de tomate por cima e cubra com fatias de mussarela de búfala.

Decore com folhas de manjericão, cubra com as metades de cima das *ciabattas* e sirva.

Tempo de preparo: 30 min   Tempo de cozimento: 10 min
Nível de dificuldade: baixo

CIABATTA COM ROSBIFE À JULIENNE, CEBOLA FRITA E QUEIJO EMMENTAL

INGREDIENTES PARA 4 SANDUÍCHES

4 *ciabattas* com cerca de 135 g cada
350 g de rosbife, cortado em fatias de aproximadamente 2 mm de espessura
150 g ($^2/_3$ de xícara) de maionese
130 g de cebola
150 mL ($^2/_3$ de xícara) de leite
80 g de queijo emmental (ou similar) fatiado
farinha de trigo
óleo para fritar
sal

MODO DE PREPARO

Descasque a cebola, corte em anéis com cerca de 1 mm de espessura e deixe de molho no leite por cerca de 15 minutos. Enquanto isso, corte as fatias de rosbife em palitos.

Aqueça o óleo em uma frigideira, escorra o leite da cebola, passe-a na farinha de trigo, chacoalhe para retirar o excesso e frite. Retire com uma escumadeira, deixe secar em papel-toalha e tempere com sal.

Corte as *ciabattas* na vertical em duas partes e depois de novo, horizontalmente. Espalhe maionese em cada metade, arrume os palitos de rosfibe nas metades de baixo, adicione as cebolas fritas e cubra com fatias de queijo. Grelhe os sanduíches pelo tempo necessário para derreter o queijo, em seguida cubra com as metades de cima das *ciabattas* e sirva.

Tempo de preparo: 30 min
Nível de dificuldade: baixo

CIABATTA DE SEMOLINA COM VITELA ASSADA, VEGETAIS E MOLHO DE MOSTARDA E MEL

INGREDIENTES PARA 4 SANDUÍCHES

4 *ciabattas* de semolina com cerca de 100 g cada
400 g de vitela assada e fatiada
120 g de cenoura
200 g de aipo
200 g de abobrinha
60 g (1/4 de xícara) de mostarda
50 g (2 2/3 de colher de sopa) de mel
25 mL (5 colheres de chá) de azeite extravirgem
sal e pimenta-do-reino

MODO DE PREPARO

Lave e descasque todos os vegetais. Elimine o miolo da abobrinha. Corte tudo à *julienne* com auxílio de um utensílio adequado. Prepare o molho emulsificando a mostarda com o mel e o azeite em uma tigela pequena. Tempere com sal e pimenta.

Divida as *ciabattas* em duas metades. Tempere os vegetais com um pouco do molho e uma pitada de sal. Distribua metade deles nas bases das *ciabattas*. Coloque as fatias de vitela assada por cima, tempere com o restante do molho e despeje o resto dos vegetais. Cubra com as metades de cima das *ciabattas* e sirva.

Tempo de preparo: 20 min
Nível de dificuldade: baixo

CLUB SANDWICH DE ABACATE, ESPINAFRE, PERAS, QUEIJO PARMESÃO E PRESUNTO

INGREDIENTES PARA 4 SANDUÍCHES

6 fatias de pão de forma branco
90 g de presunto Parma, fatiado
80 g de queijo parmesão
40 g (cerca de 1 1/3 de xícara) de espinafre

2 abacates médios
2 peras médias
80 g (1/3 de xícara) de maionese
sal e pimenta-do-reino

MODO DE PREPARO

Corte o presunto em tiras e leve ao fogo em uma frigideira, sem adicionar nenhum tipo de gordura, até que fique crocante. Com auxílio de um utensílio apropriado, tire raspas do queijo parmesão. Escolha, lave e seque o espinafre.

Descasque as peras, retire o miolo e corte-as em fatias.

Descasque os abacates, remova o caroço e corte-os em fatias.

Espalhe a maionese em 2 fatias de pão. Cubra com as fatias de abacate e com o presunto crocante. Espalhe a maionese dos dois lados de mais 2 fatias de pão e coloque-as por cima do presunto. Arrume o espinafre por cima, tempere com uma pitada de sal e pimenta e adicione as peras e o queijo parmesão.

Cubra com as últimas 2 fatias de pão, já com maionese, e corte os sanduíches ao meio. Sirva.

Tempo de preparo: 25 min
Nível de dificuldade: baixo

CLUB SANDWICH DE FRANGO, VINAGRE BALSÂMICO, RÚCULA E PINOLI

INGREDIENTES PARA 4 SANDUÍCHES

6 fatias de pão de forma branco
400 g de peito de frango
200 mL de vinagre balsâmico
350 mL (1 1/2 xícara) de água
60 mL (1/4 de xícara) de azeite extravirgem
1 ramo de sálvia
1 ramo de alecrim
1 folha de louro
1 dente de alho
10 g (1 colher de sopa) de *pinoli*
50 g (2 1/2 xícaras) de rúcula
80 g (1/3 xícara) de maionese
sal e pimenta-do-reino

MODO DE PREPARO

Lave o alecrim, o louro e a sálvia e pique metade. Limpe os peitos de frango retirando a pele, a cartilagem e a gordura. Coloque 150 mL de vinagre balsâmico, um pouco de sal, as ervas e o alho em uma panela em fogo médio e cubra com água. Espere levantar fervura e acrescente os peitos de frango. Cozinhe por cerca de 20 minutos. Assim que estiverem cozidos, deixe que esfriem ainda no líquido. Em uma tigela, emulsifique o resto do vinagre balsâmico com azeite e uma pitada de sal e pimenta. Fatie os peitos de frango e deixe marinar por cerca de 15 minutos na emulsão misturada com o restante das ervas picadas. Em uma frigideira em fogo médio, toste o *pinoli*, tomando cuidado para que não pegue muita cor. Toste as fatias de pão. Escolha, lave e seque a rúcula. Espalhe a maionese em 2 fatias de pão, cubra com metade da rúcula e, em seguida, com metade das fatias de frango e um pouco do *pinoli*. Espalhe maionese em outras 2 fatias, de ambos os lados, e coloque-as sobre o frango. Repita o procedimento da primeira fatia. Cubra com as últimas fatias de pão com maionese e corte ao meio. Sirva.

Tempo de preparo: 20 min Tempo de cozimento: 20 min
Tempo de marinada: 15 min Nível de dificuldade: baixo

FILONCINO QUENTE COM PEITO DE PATO, COUVE-PORTUGUESA E MOSTARDA À MODA ANTIGA

INGREDIENTES PARA 4 SANDUÍCHES

4 *filoncinos* com cerca de 110 g cada
1 peito de pato com aproximadamente 450 g
120 g (4 ½ xícaras) de couve-portuguesa
50 g de mostarda à moda antiga
sal e pimenta-do-reino

MODO DE PREPARO

Tempere o peito de pato, já cortado e limpo, com sal e pimenta. Doure por alguns minutos de cada lado em uma frigideira quente, sem adicionar nenhum tipo de gordura, começando pelo lado da pele para garantir uma cor homogênea.

Transfira a carne para um refratário e asse a uma temperatura de 180°C por um total de 14 a 15 minutos até que a cor esteja rosada.

Deixe o peito de pato descansar por alguns minutos envolto em papel-alumínio antes de fatiar. Enquanto isso, corte os *filoncinos* em metades e aqueça-os no forno por alguns minutos. Espalhe um pouco de mostarda nas metades de baixo, acrescente algumas folhas de couve-portuguesa, cubra com algumas fatias de peito de pato e mais um pouco de mostarda, se desejar.

Cubra com as metades de cima dos *filoncinos*, corte diagonalmente e sirva morno.

Tempo de preparo: 10 min   Tempo de cozimento: 14 - 15 min
Nível de dificuldade: médio

FOCACCIA COM FRANGO E ROSBIFE À JULIENNE, QUEIJO EMMENTAL E ALFACE-AMERICANA

INGREDIENTES PARA 4 SANDUÍCHES

2 *focaccias* compridas com aproximadamente 200 g cada
80 g de rosbife, cortado em fatias de cerca de 2 mm de espessura
80 g de peito de frango assado
80 g de queijo emmental (ou similar) fatiado
100 g (1/2 xícara) de maionese
50 g de mostarda
60 g de alface-americana

MODO DE PREPARO

Corte as fatias de rosbife em palitos. Corte o frango assado e o queijo da mesma maneira. Misture os palitos e tempere com maionese e mostarda. Corte as *focaccias* na vertical em duas metades, em seguida corte de novo, horizontalmente. Distribua a alface-americana nas metades de baixo, cubra com os palitos de frango, rosbife e queijo. Cubra com as metades de cima e sirva.

Tempo de preparo: 30 min
Nível de dificuldade: baixo

BRIOCHE COM PATÊ DE FOIE GRAS, AMEIXA SECA E TRUFA NEGRA

INGREDIENTES PARA 6 PORÇÕES

Para o brioche

250 g (2 xícaras) de farinha de trigo do tipo 00
15 g (1 ½ colher de sopa) de fermento biológico
5 g (½ colher de sopa) de açúcar
2 ovos (1 para a massa e 1 para pincelar)
70 mL (⅓ de xícara) de leite
12 g (1 colher de sopa) de sal
50 g (¼ de xícara) de manteiga

Para o recheio

150 g (¾ de xícara) de patê de *foie gras*
6 ameixas secas sem semente
1 trufa negra pequena

MODO DE PREPARO

Peneire a farinha de trigo, esfarele o fermento biológico e comece a amassar, acrescentando açúcar, o ovo e o leite enquanto amassa. Por último, incorpore o sal e a manteiga amolecida à temperatura ambiente.

Assim que a massa estiver macia e elástica, forme uma bola, envolva-a em um saco plástico para alimentos e coloque na geladeira por 30 minutos. Divida a massa em porções de 80 a 90 g, no formato de pequenas bolas; coloque-as em uma forma de brioche e deixe que a massa cresça por 1 hora em local morno.

Bata o ovo que sobrou, pincele a massa e asse por cerca de 15 minutos à temperatura de 220°C. Deixe esfriar, fatie e espalhe o patê de *foie gras*.

Coloque uma ameixa seca no centro de algumas das fatias, cubra com raspas de trufa negra, obtidas utilizando um utensílio adequado, e por último coloque a outra fatia de brioche. Sirva.

Tempo de preparo: 30 min Tempo de descanso: 1 h 30 min
Tempo de cozimento: 15 min Nível de dificuldade: alto

NAAN COM FRANGO TANDOORI, CEBOLA E IOGURTE COM COENTRO

INGREDIENTES PARA 4 SANDUÍCHES

4 pães *naan* (ou sírio) com aproximadamente 65 g cada
400 g de peito de frango
250 g de cebola roxa
250 g (1 xícara) de iogurte natural
20 g (1/4 de xícara) de mistura de temperos para *Tandoori masala*
suco de 1 limão-siciliano
6 g (1 colher de sopa) de coentro fresco, picado
15 mL (3 colheres de chá) de azeite extravirgem
sal e pimenta-do-reino

MODO DE PREPARO

Corte o peito de frango em fatias com cerca de 5 mm de espessura.
Misture os temperos com metade do iogurte, acrescente o suco de limão e deixe o frango marinar nessa mistura de um dia para o outro. Descasque a cebola, corte em anéis e leve ao fogo em uma frigideira com azeite extravirgem. Tempere com sal. Reserve.
Misture o coentro fresco com o iogurte restante e uma pitada de sal e pimenta.
Asse o frango por cerca de 10 minutos no forno a 220°C ou em uma grelha quente e bem untada.
Aqueça o pão, abra-o como um bolso e recheie com o frango e a cebola.
Decore com a mistura de iogurte e coentro e sirva.

Tempo de preparo: 20 min   Tempo de marinada: 8 h   Tempo de cozimento: 10 min
Nível de dificuldade: baixo

SANDUÍCHE QUENTE DE GORGONZOLA, BACON DEFUMADO E TOMATE

INGREDIENTES PARA 4 SANDUÍCHES

8 fatias de pão de semolina com cerca de 60 g cada
280 g de queijo gorgonzola
240 g de bacon defumado, fatiado
180 g (1 ¼ de xícara) de tomates-cereja

MODO DE PREPARO

Lave e seque os tomates e em seguida corte-os ao meio. Coloque o queijo gorgonzola, o bacon e, então, os tomates sobre 4 fatias de pão.

Cubra com as outras 4 fatias de pão.

Toste os sanduíches em uma sanduicheira ou, como alternativa, no forno quente ou na grelha, até que o pão esteja bem dourado.

Sirva quente.

Tempo de preparo: 10 min
Nível de dificuldade: baixo

SANDUÍCHE DE CORDEIRO GRELHADO, TOMATE, PEPINO E MOLHO DE IOGURTE

INGREDIENTES PARA 4 SANDUÍCHES

4 fatias de pão com aproximadamente 60 g cada
200 g de filé-mignon de cordeiro
150 g de tomate
20 g de cebola roxa
180 g de pepino
125 g (1/2 xícara) de iogurte grego
1/4 de dente de alho
algumas folhas de hortelã
azeite extravirgem
sal e pimenta-do-reino

MODO DE PREPARO

Corte a cebola em fatias finas.
Lave o pepino e rale metade. Descasque a outra metade, remova as sementes e pique.
Lave e seque o tomate, fatiando-o em seguida.
Pique o alho e a hortelã. Misture o iogurte com o pepino ralado, o alho e a hortelã.
Tempere com sal e pimenta, acrescentando uma colher de chá de azeite extravirgem.
Grelhe levemente as fatias de pão e corte-as ao meio.
Fatie o filé-mignon de cordeiro e deixe 1 minuto de cada lado em uma grelha untada. Tempere com sal e pimenta.
Coloque as fatias de tomate e cordeiro grelhado em metade das fatias de pão.
Acrescente o molho de iogurte e termine com o pepino picado e a cebola.
Cubra com outras fatias de pão e sirva.

Tempo de preparo: 25 min   Tempo de cozimento: 2 – 3 min
Nível de dificuldade: baixo

SANDUÍCHE DE LOMBO DEFUMADO, ALHO-PORÓ E MOLHO BARBECUE

INGREDIENTES PARA 4 SANDUÍCHES

4 fatias de pão com cerca de 70 g cada
500 g de lombo de porco defumado
350 g de alho-poró
azeite extravirgem
sal e pimenta-do-reino

Para o molho *barbecue*
250 g (1 xícara) de *ketchup*
50 mL (3 ½ colheres de sopa) de vinagre
60 g (⅓ de xícara) de açúcar
50 g de cebola
1 dente de alho
20 mL (4 colheres de chá) de azeite extravirgem
100 mL (½ xícara) de água
pimenta dedo-de-moça
sal

MODO DE PREPARO

Para o molho, pique a cebola e o alho e doure-os em fogo baixo em uma panela com azeite. Acrescente todos os outros ingredientes e cozinhe por aproximadamente 30 minutos, adicionando um pouco de água, se necessário. Passe o molho por uma peneira para eliminar grumos e reserve.

Coloque um pouco de azeite sobre o lombo de porco e leve-o a uma grelha de churrasco moderadamente quente por cerca de 20 minutos; cubra, se possível. Permita que a carne descanse por pelo menos 10 minutos antes de fatiar.

Enquanto isso, limpe o alho-poró e corte-o em fatias diagonais. Refogue em fogo baixo em uma frigideira com um fio de azeite e, em seguida, cubra por 7 a 8 minutos. Tempere com sal e pimenta.

Coloque o alho-poró e o lombo em 2 fatias de pão, espalhe um pouco do molho e cubra tudo com as fatias restantes. Corte em metades para formar 4 sanduíches e sirva.

Tempo de preparo: 20 min   Tempo de cozimento: 57 - 58 min
Tempo de descanso: 10 min   Nível de dificuldade: baixo

SANDUÍCHE DE PEITO DE PATO, RADICCHIO, ALHO-PORÓ CARAMELIZADO E BLUEBERRY

INGREDIENTES PARA 4 SANDUÍCHES

4 pães com cerca de 50 g cada
250 g de peito de pato
20 g de *radicchio*
200 g de alho-poró
13 g (1 colher de sopa) de açúcar
6 g (1 colher de chá) de mel
40 g (1/4 de xícara) de *blueberry*
sal e pimenta-do-reino

MODO DE PREPARO

Limpe e corte o alho-poró em fatias finas. Transfira para uma panela com o açúcar e o mel e caramelize em fogo baixo por aproximadamente 15 minutos. Adicione um pouco de água caso seja necessário.

Enquanto isso, tempere o peito de pato, já cortado e limpo, com sal e pimenta e doure por alguns minutos de cada lado em uma frigideira quente sem adicionar nenhum tipo de gordura, começando pelo lado com a pele para garantir uma coloração homogênea.

Transfira o peito de pato para um refratário e leve ao forno a uma temperatura de 180°C por 14 a 15 minutos no total, até que fique com uma cor rosada. Deixe descansar por alguns minutos embrulhado em papel-alumínio antes de fatiar.

Divida os pães ao meio e recheie com o *radicchio* e o pato fatiado.

Acrescente o alho-poró caramelizado, decore com *blueberries*, cubra com a metade superior dos pães e sirva.

Tempo de preparo: 30 min Tempo de cozimento: 14 – 15 min
Nível de dificuldade: médio

SANDUÍCHE DE FRANGO, QUEIJO GRUYÈRE E MOLHO DE MOSTARDA

INGREDIENTES PARA 4 SANDUÍCHES

4 *filoncinos* de aproximadamente 110 g cada
250 g de peito de frango
60 g de queijo gruyère (ou similar), fatiado fino
pimentas branca, preta e rosa em grãos
10 mL (2 colheres de chá) de azeite extravirgem
3 g (1/2 colher de sopa) de açafrão
sal

Para o molho de mostarda

100 g (1/2 xícara) de maionese
25 g (1 1/2 colher de sopa) de mostarda
3 g (1/2 colher de sopa) de açafrão

MODO DE PREPARO

Para o molho, misture a maionese com a mostarda e o açafrão.
Corte o peito de frango em fatias com 2 a 3 mm de espessura e, depois, em tiras.
Tempere as tiras com açafrão e azeite e leve ao fogo em uma frigideira antiaderente por 4 a 5 minutos.
Tempere com as pimentas misturadas e trituradas e uma pitada de sal.
Enquanto isso, corte os *filoncinos* ao meio e, se desejar, aqueça-os no forno por alguns minutos. Em seguida, coloque o frango nas metades inferiores dos pães. Cubra com fatias de queijo e molho a gosto.
Coloque as metades superiores dos *filoncinos* e sirva.

Tempo de preparo: 25 min   Tempo de cozimento: 4 - 5 min
Nível de dificuldade: baixo

SANDUÍCHE DE PRESUNTO DEFUMADO, QUEIJO EMMENTAL E GELEIA DE CEBOLA

INGREDIENTES PARA 4 SANDUÍCHES

4 pães com aproximadamente 75 g cada
120 g de presunto cozido defumado
100 g de queijo emmental (ou similar), fatiado fino
150 g de cebola roxa
10 g (1 colher de sopa) de açúcar
10 g (½ colher de sopa) de mel
sal

MODO DE PREPARO

Descasque a cebola e corte em fatias finas.
Transfira para uma panela e acrescente o mel, o açúcar e uma pitada de sal.
Cozinhe em fogo baixo por cerca de 30 minutos. Se necessário, acrescente um pouco de água.
Corte os pães ao meio, horizontalmente. Distribua a geleia de cebola e coloque o queijo e as fatias de presunto defumado nas metades inferiores.
Feche os sanduíches e sirva.

Tempo de preparo: 15 min   Tempo de cozimento: 30 min
Nível de dificuldade: baixo

SANDUÍCHE DE SALAME, RICOTA E FIGO

INGREDIENTES PARA 4 SANDUÍCHES

4 pães com aproximadamente 110 g cada
150 g ($^2/_3$ de xícara) de ricota
250 g de salame italiano fatiado
4 figos
5 mL (1 colher de chá) de azeite extravirgem
sal e pimenta-do-reino

MODO DE PREPARO

Amasse a ricota em uma tigela. Tempere com um pouco de sal e pimenta, depois acrescente o azeite.
Descasque os figos e corte-os em fatias. Corte os pães horizontalmente, espalhe a ricota nas metades inferiores e cubra com as fatias de salame. Finalize com as fatias de figo, cubra com as metades superiores dos pães e sirva.

Tempo de preparo: 20 min
Nível de dificuldade: baixo

SANDUÍCHE DE LINGUIÇA E ESPINAFRE SALTEADO

INGREDIENTES PARA 4 SANDUÍCHES

4 pães redondos com aproximadamente 100 g cada
4 linguiças de porco frescas com aproximadamente 150 g cada
1 maço de espinafre
50 mL (3 ½ colheres de sopa) de azeite extravirgem
1 dente de alho
pimenta dedo-de-moça
sal

MODO DE PREPARO

Escolha e lave o espinafre, fervendo-o em água salgada por 1 minuto. Escorra bem, corte de modo grosseiro e salteie em uma frigideira com azeite temperado com pimenta dedo-de-moça a gosto e 1 dente de alho inteiro, que será descartado depois.

Enquanto isso, remova o invólucro das linguiças, corte-as ao meio, horizontalmente, e frite em uma frigideira sem adicionar nenhum tipo de gordura, por cerca de 5 minutos de cada lado.

Corte os pães ao meio e coloque metade do espinafre no pão; arrume a linguiça por cima, cubra com o espinafre restante, feche com a outra metade dos pães e sirva.

Tempo de preparo: 15 min   Tempo de cozimento: 10 min
Nível de dificuldade: baixo

SANDUÍCHE DE LINGUIÇA, PIMENTÃO E CEBOLA ASSADOS

INGREDIENTES PARA 4 SANDUÍCHES

4 pães com aproximadamente 75 g cada
400 g de linguiça de porco fresca
180 g de cebola
450 g de pimentões vermelhos e amarelos
azeite extravirgem
sal

MODO DE PREPARO

Lave os pimentões, regue-os com o azeite e leve-os ao forno em uma assadeira a 180°C por cerca de 20 minutos ou até que estejam cozidos, mas firmes.

Deixe esfriar, descasque, elimine as sementes e corte em tiras. Tempere com um fio de azeite e uma pitada de sal. Enquanto isso, descasque as cebolas, corte-as no sentido vertical em fatias grosseiras e asse-as a 180°C por cerca de 10 minutos.

Corte os pães ao meio. Coloque metade dos pimentões, as linguiças, as cebolas e a outra metade dos pimentões por cima. Cubra com a metade restante dos pães e sirva.

Tempo de preparo: 15 min   Tempo de cozimento: 30 min
Nível de dificuldade: baixo

SANDUÍCHE DE CARNE DESFIADA, ALFACE-DA-TERRA E EMULSÃO DE AZEITE E LIMÃO

INGREDIENTES PARA 4 SANDUÍCHES

2 *filoncinos* de aproximadamente 250 g cada
100 g de carne curada (ou carne seca) desfiada
40 g (3/4 de xícara) de alface-da-terra
suco de 1/2 limão-siciliano
30 mL (2 colheres de sopa) de azeite extravirgem
5 g (1 colher de chá) de mostarda
sal

MODO DE PREPARO

Em uma tigela, emulsifique o suco de limão com azeite e uma pitada de sal (e a mostarda, se desejar) com um batedor.
Corte os *filoncinos* em duas partes e abra-os.
Coloque a alface lavada e seca na base dos pães e cubra com a carne desfiada.
Tempere com a emulsão de azeite e limão, cubra com as partes de cima dos *filoncinos* e sirva.

Tempo de preparo: 15 min
Nível de dificuldade: baixo

SANDUÍCHE DE PERU, BACON, TOMATE E ALFACE NO PÃO INTEGRAL

INGREDIENTES PARA 4 SANDUÍCHES

4 pães integrais de aproximadamente 115 g cada
160 g de peito de peru defumado, fatiado
80 g de bacon defumado, fatiado
100 g de alface
200 g de tomate
25 mL (5 colheres de chá) de azeite extravirgem
sal e pimenta-do-reino

MODO DE PREPARO

Escolha e lave a alface e os tomates, cortando os últimos em fatias.
Leve o bacon defumado a uma grelha quente por 4 a 5 minutos ou frite em uma frigideira antiaderente até que fique crocante.
Corte os pães ao meio.
Tempere as bases dos pães com uma gota de azeite, coloque uma parte da alface e as fatias de peru defumado e cubra com fatias de tomate e bacon.
Finalize com a alface restante e regue com um fio de azeite. Se desejar, acrescente uma pitada de sal e pimenta.
Cubra com as metades de cima dos pães e sirva.

Tempo de preparo: 25 min   Tempo de cozimento: 4 - 5 min
Nível de dificuldade: baixo

PIADINA COM PRESUNTO, PIMENTÃO ASSADO E MUSSARELA DE BÚFALA

INGREDIENTES PARA 4 A 6 SANDUÍCHES

Para a *piadina*

250 g (2 xícaras) de farinha de trigo
40 g (3 colheres de sopa) de banha de porco
120 mL (1/2 xícara) de leite
12 g (1 1/2 colher de sopa) de fermento em pó químico
5 g (1/2 colher de sopa) de sal

Para o recheio

1 pimentão
500 g de mussarela de búfala fresca
60 g de presunto cozido, fatiado
azeite extravirgem
sal

MODO DE PREPARO

Para a *piadina*, em uma superfície lisa, combine todos os ingredientes e sove. Assim que a massa estiver macia e homogênea, embrulhe-a em filme-plástico e deixe descansar na geladeira por no mínimo 1 hora.

Enquanto isso, lave o pimentão, regue com azeite e leve-o ao forno em uma assadeira a 180°C por cerca de 20 minutos ou até que esteja cozido, mas firme. Deixe esfriar, descasque, elimine as sementes e corte-o em tiras. Tempere com um fio de azeite e uma pitada de sal.

Abra a massa a uma espessura de alguns milímetros, fure com um garfo e corte em discos usando um cortador redondo com diâmetro de 25 cm.

Asse a *piadina* por 2 a 3 minutos em uma grelha ou em uma frigideira antiaderente.

Cubra a *piadina* com presunto cozido fatiado, mussarela de búfala fatiada e tiras de pimentão, depois dobre e sirva.

Tempo de preparo: 30 min Tempo de descanso: 1 h
Tempo de cozimento: 22 - 23 min Nível de dificuldade: médio

SFILATINO DE MILHO COM QUEIJO DE CABRA, SPECK E FRAMBOESA

INGREDIENTES PARA 4 SANDUÍCHES

4 *sfilatinos* de milho com aproximadamente 80 g cada
200 g de queijo de cabra fresco
100 g de *speck* (presunto cru defumado) fatiado
8 a 10 framboesas
20 g (1 xícara) de rúcula
pimenta-do-reino

MODO DE PREPARO

Lave e seque a rúcula e as framboesas.
Corte os *sfilatinos* ao meio e espalhe uma leve camada de queijo de cabra nas metades de baixo.
Tempere com uma pitada de pimenta.
Adicione a rúcula e cubra com o queijo de cabra restante. Corte as framboesas ao meio e distribua entre os *sfilatinos*.
Finalize com o *speck*, cubra com as metades de cima dos pães e sirva.

Tempo de preparo: 20 min
Nível de dificuldade: baixo

SFILATINO COM PRESUNTO PARMA, MUSSARELA DE BÚFALA E TOMATES SEMICONFITADOS

INGREDIENTES PARA 4 SANDUÍCHES

4 *sfilatinos* com aproximadamente 60 g cada
400 g de tomate-carmem
250 g de mussarela de búfala fresca
150 g de presunto Parma fatiado
25 mL (5 colheres de chá) de azeite extravirgem
1 dente de alho
orégano
açúcar
sal

MODO DE PREPARO

Lave e corte os tomates em fatias com 5 a 6 mm de espessura.
Espalhe-os em uma assadeira, salgue levemente e tempere com fatias de alho, uma pitada de orégano, uma pitada de açúcar e um fio de azeite. Desidrate-os no forno entre 90 e 100°C por cerca de 1 hora.
Fatie a mussarela de búfala e tempere com sal, orégano e uma gota de azeite.
Quando os tomates estiverem prontos, corte os *sfilatinos* ao meio e recheie-os com fatias de tomate e mussarela de búfala.
Finalize com as fatias de presunto Parma, cubra com as metades de cima dos pães e sirva.

Tempo de preparo: 20 min   Tempo de desidratação no forno: 1 h
Nível de dificuldade: baixo

PÃO DE FORMA TOSTADO COM RADICCHIO, QUEIJO FONTINA E BACON

INGREDIENTES PARA 4 SANDUÍCHES

8 fatias de pão de forma (aproximadamente 250 g)
100 g de bacon fatiado
150 g de *radicchio*
120 g de queijo fontina
azeite extravirgem
sal e pimenta-do-reino

MODO DE PREPARO

Lave o *radicchio* e corte-o em fatias de cerca de 1,5 cm de espessura. Regue as fatias de *radicchio* com azeite e passe-as em uma grelha quente. Tempere com sal e pimenta. Coloque o *radicchio* em uma fatia de pão, cubra com o queijo fontina fatiado e o bacon. Envolva com outra fatia de pão, toste em uma sanduicheira e sirva quente.

Tempo de preparo: 30 min Tempo de cozimento: 5 min
Nível de dificuldade: baixo

OVO-LACTO--VEGETARIANOS

CIABATTA COM PIMENTÃO, BERINJELA, QUEIJO FETA E ESPINAFRE

INGREDIENTES PARA 4 SANDUÍCHES

4 *ciabattas* com cerca de 115 g cada
350 g de espinafre fresco
300 g de berinjela
300 g de pimentões amarelos e vermelhos
150 g de queijo feta
25 mL (5 colheres de chá) de azeite extravirgem
óleo para fritar
sal e pimenta-do-reino

MODO DE PREPARO

Lave os pimentões, regue com azeite e leve ao forno em uma assadeira a 180°C por cerca de 20 minutos ou até que estejam cozidos, mas firmes. Deixe esfriar, descasque, remova as sementes e corte em tiras.

Tempere com um fio de azeite e uma pitada de sal.

Lave o espinafre, escorra e cozinhe por 2 minutos em uma frigideira com um fio de azeite, sal e pimenta.

Lave a berinjela e corte em fatias com 2 a 3 mm de espessura.

Tempere com sal e deixe que solte seu líquido amargo por 30 minutos.

Seque com papel-toalha e frite em óleo abundante por 2 a 3 minutos. Escorra e seque em papel-toalha.

Corte as *ciabattas* no sentido vertical em duas partes, recheie alternando os vegetais e finalize com o queijo feta esfarelado.

Cubra com a metade de cima das *ciabattas* e sirva.

Tempo de preparo: 30 min   Tempo de descanso: 30 min
Tempo de cozimento: 24 – 25 min   Nível de dificuldade: baixo

MINIFOCACCIA DE AZEITONA COM VEGETAIS GRELHADOS E PROVOLONE

INGREDIENTES PARA 6 SANDUÍCHES

6 *minifocaccias* de azeitona com cerca de 35 g cada
1 pimentão
1 abobrinha
1 berinjela
1 talo de erva-doce
1 beterraba (já cozida)
100 g de provolone picante
azeite extravirgem
sal e pimenta-do-reino

MODO DE PREPARO

Lave o pimentão, a abobrinha, a berinjela e a erva-doce e corte em fatias finas. Corte também a beterraba em fatias.

Pique o provolone em tiras finas com o auxílio de um utensílio apropriado.

Leve o pimentão, a abobrinha, a berinjela e a erva-doce a uma grelha untada por 2 a 3 minutos de cada lado, depois tempere com sal e pimenta.

Corte as *minifocaccias* ao meio e recheie alternando os vegetais.

Acrescente o queijo, feche as *focaccias* e sirva.

Tempo de preparo: 20 min Tempo de cozimento: 20 - 24 min
Nível de dificuldade: baixo

FRISELLA COM TOMATE MARINADO E QUEIJO BURRATA

INGREDIENTES PARA 4 SANDUÍCHES

4 *frisellas* normais ou integrais com cerca de 100 g cada
400 g de tomate maduro
1 dente de alho
1 ramo pequeno de manjericão
50 mL (3 ½ colheres de sopa) de azeite extravirgem
150 g de queijo burrata
sal e pimenta-do-reino

MODO DE PREPARO

Lave os tomates, retire as sementes e pique-os. Coloque-os em uma tigela e tempere com sal e pimenta, algumas folhas de manjericão, o dente de alho descascado e esmagado e o azeite.

Deixe marinar em local fresco por no mínimo 1 hora.

Antes de servir, mergulhe as *frisellas* em água fria por cerca de 30 segundos, escorra bem e salpique com o azeite da marinada. Coloque os tomates, certificando-se de retirar antes o alho, e espalhe o queijo burrata desfiado por cima. Sirva com algumas folhas de manjericão como guarnição.

Tempo de preparo: 15 min   Tempo de marinada: 1 h
Nível de dificuldade: baixo

PÃO DE SEMOLINA E AZEITONA COM QUEIJO CACIOTTA, BERINJELA E TOMATE SECO

INGREDIENTES PARA 4 SANDUÍCHES

4 fatias de pão de semolina e azeitona com cerca de 70 g cada
300 g de berinjela
200 g de queijo caciotta com pimenta dedo-de-moça
50 g (1/2 xícara) de tomate seco em azeite
azeite extravirgem
sal

MODO DE PREPARO

Lave a berinjela, corte-a em fatias com cerca de 6 a 7 mm de espessura. Tempere com sal e deixe escorrer por no mínimo 30 minutos.

Seque as fatias de berinjela com papel-toalha e frite em uma frigideira com azeite extravirgem. Escorra e seque. Fatie o queijo caciotta. Escorra o tomate seco. Corte as fatias de pão ao meio e coloque as fatias de berinjela em quatro delas. Cubra com as fatias de queijo.

Finalize com os tomates secos escorridos, cubra com o pão restante e sirva.

Tempo de preparo: 45 min   Tempo de descanso: 30 min
Tempo de cozimento: 2 - 3 min   Nível de dificuldade: baixo

SANDUÍCHE DE QUEIJO FETA DOURADO, ENDÍVIA, CEBOLA GRELHADA E NOZES

INGREDIENTES PARA 4 SANDUÍCHES

2 pães com cerca de 280 g cada
200 g de queijo feta
250 g de cebola roxa
350 g de endívia
azeite extravirgem
1 ovo
farinha de trigo
óleo para fritar
40 g (1/3 de xícara) de nozes
sal e pimenta-do-reino

MODO DE PREPARO

Descasque e lave a cebola; corte-a em anéis com 5 a 6 mm de espessura. Lave a endívia e corte-a em fatias uniformes. Grelhe ambas por 5 minutos. Tempere com sal e pimenta e deixe marinar por no mínimo 30 minutos com um fio de azeite.

Enquanto isso, corte o queijo feta em fatias com cerca de 5 mm de espessura, passe-o primeiro na farinha e depois no ovo batido.

Aqueça o óleo em uma frigideira pequena e mergulhe as fatias de queijo feta por alguns minutos. Escorra com uma escumadeira e seque em papel-toalha.

Corte os pães ao meio, no sentido vertical, e depois horizontalmente.

Coloque metade da endívia nas partes de baixo dos pães. Cubra com o queijo feta quente por cima. Acrescente as cebolas e alguns pedaços de nozes. Cubra com as metades de cima dos pães e sirva.

Tempo de preparo: 35 min Tempo de marinada: 30 min
Tempo de cozimento: 7 min Nível de dificuldade: médio

SANDUÍCHE DE TOMATE, QUEIJO FETA, AZEITONAS E ORÉGANO

INGREDIENTES PARA 4 SANDUÍCHES

4 pães com cerca de 45 g cada
350 g de tomate
80 g de pepino
180 g de queijo feta
40 g de azeitonas pretas
azeite extravirgem
orégano
sal

MODO DE PREPARO

Lave e fatie os tomates. Descasque o pepino e corte-os em fatias finas. Retire os caroços das azeitonas e corte-as ao meio. Fatie o queijo feta. Corte os pães ao meio e disponha os tomates, algumas fatias de pepino e as azeitonas por cima. Tempere com uma pitada de sal, um fio de azeite e orégano. Acrescente o queijo feta fatiado, cubra com as metades restantes dos pães e sirva.

Tempo de preparo: 25 min
Nível de dificuldade: baixo

SANDUÍCHE DE RADICCHIO E QUEIJO ASIAGO

INGREDIENTES PARA 4 SANDUÍCHES

4 fatias de pão com cerca de 70 g cada
300 g de *radicchio*
100 g de queijo asiago, cortado em fatias finas
10 mL (2 colheres de chá) de azeite extravirgem
sal e pimenta-do-reino

MODO DE PREPARO

Lave o *radicchio* e corte-o em quatro partes no sentido do comprimento.
Tempere com sal e pimenta, coloque em uma panela e salpique com azeite. Cozinhe em fogo baixo com a panela coberta por 10 a 15 minutos até que esteja macio.

Corte as fatias de pão ao meio, divida o *radicchio* entre as quatro fatias e cubra com fatias de queijo asiago. Cubra com as fatias restantes do pão e sirva.

Tempo de preparo: 10 min   Tempo de cozimento: 10 – 15 min
Nível de dificuldade: baixo

SANDUÍCHE DE ABÓBORA GRELHADA, CREME DE QUEIJO PARMESÃO E VINAGRE BALSÂMICO

INGREDIENTES PARA 4 PORÇÕES

4 pães com cerca de 75 g cada
300 g de abóbora
75 g (1/3 de xícara) de queijo parmesão ralado
75 mL (1/3 de xícara) de creme de leite fresco
50 mL (3 1/2 colheres de sopa) de vinagre balsâmico
10 g (1 colher de sopa) de açúcar
10 g (1 1/2 colher de sopa) de amêndoas laminadas
azeite extravirgem
sal e pimenta-do-reino

MODO DE PREPARO

Torre levemente as amêndoas laminadas no forno ou em uma frigideira.

Retire a casca e as sementes da abóbora e corte-a em fatias com 1 a 2 mm de espessura. Leve a uma grelha untada por 3 a 4 minutos e, então, tempere com sal e pimenta.

Em uma panela pequena, leve o creme de leite à fervura. Remova do fogo e acrescente o parmesão. Misture com cuidado e tempere com uma pitada de pimenta.

Em uma panela separada, reduza o vinagre com o açúcar por cerca de 10 minutos em fogo baixo, até que o volume chegue à metade do original.

Corte os pães ao meio e espalhe o creme de parmesão dos dois lados, em maior quantidade na parte de baixo. Disponha a abóbora nos pães, decore com um fio da redução de vinagre balsâmico e um punhado de amêndoas. Cubra com as metades de cima dos pães e sirva.

Tempo de preparo: 10 min Tempo de cozimento: 23 – 24 min
Nível de dificuldade: baixo

SANDUÍCHE DE QUEIJO FONTINA E PIMENTÃO ASSADO NO PÃO INTEGRAL

INGREDIENTES PARA 4 SANDUÍCHES

4 pães integrais com cerca de 60 g cada
400 g de pimentões vermelhos e amarelos
100 g de queijo fontina
1 dente de alho
1 ramo de tomilho
azeite extravirgem
sal

MODO DE PREPARO

Lave os pimentões, regue com azeite e leve-os ao forno em uma assadeira a 180°C por cerca de 20 minutos ou até que estejam cozidos, mas firmes. Deixe-os esfriar, descasque, remova as sementes e corte-os em tiras finas. Tempere com um fio de azeite, uma pitada de sal, algumas folhas de tomilho e fatias de alho. Deixe marinar por no mínimo 1 hora.

Corte o queijo fontina em fatias finas e remova a casca.

Corte os pães ao meio, coloque as fatias de queijo nas partes de baixo, acrescente os pimentões assados e marinados, cubra com as metades de cima dos pães e sirva.

Tempo de preparo: 25 min Tempo de cozimento: 20 min Tempo de marinada: 1 h
Nível de dificuldade: baixo

SANDUÍCHE DE OMELETE DE CEBOLA E ESPINAFRE NO PÃO INTEGRAL

INGREDIENTES PARA 4 SANDUÍCHES

4 pães integrais com cerca de 45 g cada
150 g de espinafre fresco
90 g de cebola
3 ovos
30 g (½ xícara) de alface-da-terra
25 mL (5 colheres de chá) de azeite extravirgem
sal e pimenta-do-reino

MODO DE PREPARO

Descasque as cebolas e corte-as em fatias finas. Refogue-as em uma frigideira com um fio de azeite, uma pitada de sal e pimenta por 7 a 8 minutos.

Lave o espinafre, escorra-o e cozinhe-o por alguns minutos em uma frigideira com um fio de azeite, sal e pimenta.

Bata os ovos em uma tigela. Acrescente as cebolas e o espinafre. Tempere com sal e pimenta. Aqueça uma frigideira com um fio de azeite. Despeja a mistura e cozinhe o omelete por cerca de 10 minutos, virando-o na metade desse tempo.

Corte os pães ao meio, recheie-os com o omelete, coloque a alface-da-terra, cubra com as metades de cima dos pães e sirva.

Tempo de preparo: 20 min Tempo de cozimento: 19 – 20 min
Nível de dificuldade: baixo

QUADROTTO DE ABÓBORA E SEMENTES DE GIRASSOL COM QUEIJO DE CABRA, RADICCHIO E GELEIA DE CEBOLA

INGREDIENTES PARA 4 SANDUÍCHES

4 *quadrottos* de abóbora e sementes de girassol com cerca de 80 g cada
400 g de *radicchio*
250 g de queijo de cabra
15 mL (3 colheres de chá) de azeite extravirgem
sal e pimenta-do-reino

Para a geleia de cebola

300 g de cebola roxa
100 mL (1/2 xícara) de vinho tinto
40 g (3 colheres de sopa) de açúcar mascavo
6 g (1 colher de chá) de mel de Acácia

MODO DE PREPARO

Para a geleia, descasque as cebolas e pique-as. Transfira-as para uma panela. Acrescente o mel, o vinho e o açúcar e cozinhe em fogo baixo por cerca de 45 minutos.

Lave o *radicchio* e corte-o em fatias de cerca de 1 cm de espessura. Tempere-o com sal e pimenta, regue com metade da quantidade de azeite e grelhe. Salpique o *radicchio* grelhado com o resto do azeite e deixe marinar por alguns minutos.

Divida os *quadrottos* em metades. Disponha o *radicchio* grelhado nas metades de baixo. Acrescente o queijo de cabra fatiado e finalize com a geleia de cebola.

Cubra com as metades de cima dos *quadrottos* e sirva.

Tempo de preparo: 30 min   Tempo de cozimento: 45 min
Nível de dificuldade: médio

QUADROTTO DE ABÓBORA E SEMENTES DE GIRASSOL COM TOFU, TOMATE E VINAGRE BALSÂMICO

INGREDIENTES PARA 4 SANDUÍCHES

4 *quadrottos* de abóbora e sementes de girassol com cerca de 80 g cada
300 g de tofu
350 g de tomates
50 mL (3 ½ colheres de sopa) de azeite extravirgem
50 g de alface-crespa
vinagre balsâmico de Modena
açúcar
sal

MODO DE PREPARO

Lave e corte os tomates em quatro partes. Disponha-os em uma assadeira, salgue-os de leve e acrescente uma pitada de açúcar e um fio de azeite. Desidrate-os no forno a uma temperatura entre 90 e 100°C por cerca de 1 hora.

Transfira para uma vasilha, adicione o azeite restante e deixe marinar por no mínimo 12 horas.

Corte o tofu em quatro fatias. Lave e seque a alface. Divida os *quadrottos* em metades. Disponha a alface nas metades de baixo e adicione o tofu.

Escorra o azeite dos tomates e posicione-os por cima.

Tempere com vinagre balsâmico, cubra com as metades de cima dos *quadrottos* e sirva.

Tempo de preparo: 20 min   Tempo de desidratação no forno: 1 h
Tempo de marinada: 12 h   Nível de dificuldade: médio

TRAMEZZINO DE AIPO-RÁBANO, ABACAXI E MAIONESE

INGREDIENTES PARA 4 SANDUÍCHES

8 fatias de pão de forma
250 g (1 ⅓ de xícara) de abacaxi (fresco ou em calda)
280 g de aipo-rábano
200 g (¾ de xícara) de maionese
suco de ½ limão-siciliano
sal

MODO DE PREPARO

Descasque o aipo-rábano e corte-o primeiro em fatias, depois em tiras finas. Tempere-o com uma pitada de sal e o suco de limão. Pique o abacaxi em pedaços pequenos e misture-o ao aipo-rábano. Acrescente a maionese e misture. Distribua esse recheio em metade das fatias de pão, cubra com as fatias restantes, corte ao meio e sirva.

Tempo de preparo: 30 min
Nível de dificuldade: baixo

TRAMEZZINO DE OVOS COZIDOS, MAIONESE E AGRIÃO

INGREDIENTES PARA 4 SANDUÍCHES

8 fatias de pão de forma
200 g (3/4 de xícara) de maionese
4 ovos
15 g (1/3 de xícara) de agrião
sal e pimenta-do-reino

MODO DE PREPARO

Lave e pique o agrião.
Prepare os ovos, cozinhando-os por 8 a 10 minutos, a seu gosto.
Esfrie-os em água fria corrente, depois retire as cascas.
Pique os ovos, tempere-os com sal e pimenta e misture com a maionese, adicionando o agrião picado.
Distribua a mistura resultante em metade das fatias de pão, cubra com as fatias restantes, corte diagonalmente, em triângulos, e sirva.

Tempo de preparo: 15 min   Tempo de cozimento: 8 – 10 min
Nível de dificuldade: baixo

PEIXES E FRUTOS DO MAR

FILONCINO COM ATUM, TOMATE, CEBOLA, AZEITONA E MAIONESE LIGHT

INGREDIENTES PARA 4 SANDUÍCHES

4 *filoncinos* com cerca de 90 g cada
250 g de atum sólido em óleo, escorrido
250 g de tomate
25 g (¼ de xícara) de azeitonas pretas, sem caroço
50 g de cebola roxa
100 g (½ xícara) de maionese *light*
40 g (2 ½ colheres de sopa) de iogurte
vinagre de vinho tinto
2 g (1 colher de chá) de salsa picada
orégano
sal
azeite extravirgem

MODO DE PREPARO

Corte a cebola roxa em fatias finas e deixe de molho em água fria por cerca de 10 minutos. Acrescente o iogurte à maionese e misture bem. Tempere com sal, se desejar.

Lave os tomates e corte-os em fatias. Tempere com uma pitada de sal, orégano e um fio de azeite. Corte também as azeitonas em fatias.

Misture o atum com a maionese e a salsa picada. Corte os *filoncinos* ao meio e regue-os com azeite e gotas de vinagre de vinho tinto. Acrescente uma pitada de sal.

Disponha os tomates no pão e cubra com o atum. Finalize com um pouco de cebola e fatias de azeitona. Cubra com as metades de cima dos *filoncinos*, corte-os ao meio e sirva.

Tempo de preparo: 20 min
Nível de dificuldade: baixo

BAGUETE COM CREME DE ABACATE, CAMARÕES SALTEADOS E TOMATE MARINADO

INGREDIENTES PARA 4 SANDUÍCHES

1 baguete com cerca de 300 g
12 camarões
1 abacate
suco de $1/2$ limão-siciliano
150 g de tomate
30 g de cebola roxa de Tropea
45 mL (3 colheres de sopa) de azeite extravirgem
pimenta dedo-de-moça
1 dente de alho
sal

MODO DE PREPARO

Lave os tomates e retire as sementes. Corte-os em cubos e tempere-os com 4 colheres de chá (20 mL) de azeite e uma pitada de sal.

Acrescente cebola picada em fatias finas e marine por no mínimo 1 hora na geladeira.

Limpe o abacate e faça purê da polpa com o suco de limão, uma pitada de sal e 2 colheres de chá (10 mL) de azeite.

Limpe os camarões, retirando a cabeça e a casca. Aqueça uma frigideira com um fio de azeite, um pedaço de pimenta e 1 dente de alho, e frite os camarões limpos por cerca de 1 minuto. Tempere com sal.

Corte a baguete em quatro pedaços e divida cada um deles ao meio.

Espalhe o creme de abacate nas metades de baixo, acrescente os camarões e finalize com o tomate marinado. Cubra com a parte de cima da baguete e sirva.

Tempo de preparo: 30 min   Tempo de marinada: 1 h   Tempo de cozimento: 1 min
Nível de dificuldade: baixo

PÃO DE CENTEIO COM LAGOSTA, MAIONESE E LIMÃO

INGREDIENTES PARA 4 SANDUÍCHES

4 fatias de pão de centeio com cerca de 60 g cada
2 lagostas cozidas com cerca de 500 g cada
60 g de alface-crespa
100 g (1/2 xícara) de maionese
1 limão-siciliano
15 mL (3 colheres de chá) de azeite extravirgem
sal e pimenta-do-reino

MODO DE PREPARO

Escolha, lave e seque a alface.
Segmente o limão (remova a casca e a membrana branca) e pique-o. Esprema o suco.
Extraia a carne da lagosta da casca e corte em fatias com cerca de 5 mm de espessura.
Tempere a carne de lagosta com uma pitada de sal e de pimenta, uma gota de azeite e o suco de limão.
Espalhe a maionese em duas fatias de pão e disponha a alface por cima.
Coloque a lagosta sobre a alface, cubra com a maionese restante e decore com alguns cubinhos de limão.
Cubra com as outras duas fatias de pão, corte cada sanduíche em dois (obtendo, assim, quatro sanduíches) e sirva.

Tempo de preparo: 20 min
Nível de dificuldade: baixo

SANDUÍCHE DE VIEIRAS, COGUMELOS-DE-PARIS E QUEIJO DE CABRA

INGREDIENTES PARA 4 SANDUÍCHES

1 *filoncino* com gergelim de cerca de 350 g
12 vieiras médias
300 g de cogumelos-de-paris
100 g de queijo de cabra fatiado
30 mL (2 colheres de sopa) de azeite extravirgem
1 ramo de tomilho
sal e pimenta-do-reino

MODO DE PREPARO

Limpe e fatie os cogumelos. Leve-os ao fogo por 3 a 4 minutos em uma frigideira com ²/₃ do azeite pedido na receita, temperado com tomilho.

Em uma frigideira à parte e já aquecida, doure as vieiras, temperadas com sal e pimenta, por 30 segundos de cada lado, no azeite restante.

Enquanto isso, corte o *filoncino* na diagonal em quatro partes e estas ao meio, horizontalmente. Aqueça por alguns minutos no forno. Coloque uma fatia de queijo de cabra nas metades de baixo do *filoncino*, cubra com os cogumelos e as vieiras.

Acrescente uma segunda fatia de queijo e as metades de cima do *filoncino*. Sirva quente.

Tempo de preparo: 20 min   Tempo de cozimento: 4 - 5 min
Nível de dificuldade: médio

SANDUÍCHE DE SALMÃO DEFUMADO E QUEIJO CREMOSO

INGREDIENTES PARA 4 SANDUÍCHES

4 pães macios com cerca de 80 g cada
240 g (1 xícara) de queijo cremoso
200 g de salmão defumado, fatiado
20 g (1 xícara) de rúcula
25 mL (5 colheres de chá) de azeite extravirgem
pimenta-do-reino

MODO DE PREPARO

Escolha, lave e seque a rúcula.
Corte os pães ao meio e espalhe o queijo cremoso na parte de cima.
Disponha o salmão defumado nas metades de baixo. Tempere com uma pitada de pimenta.
Acrescente rúcula e regue com azeite.
Cubra com as metades de cima dos pães e sirva.

Tempo de preparo: 10 min
Nível de dificuldade: baixo

SANDUÍCHE DE ATUM ENVOLTO EM GERGELIM COM CEBOLA E HOMUS

INGREDIENTES PARA 4 SANDUÍCHES

4 pães redondos com cerca de 100 g cada
500 g de filé de atum fresco em 4 fatias
50 g (1/3 de xícara) de sementes de gergelim
300 g de cebola roxa
50 mL (3 1/2 colheres de sopa) de azeite extravirgem
sal e pimenta-do-reino

Para o homus

125 g (3/4 de xícara) de grão-de-bico fresco, cozido e escorrido
50 mL (3 1/2 colheres de sopa) de azeite extravirgem
8 g (1 colher de sopa) de sementes de gergelim
suco de 1/4 de limão-siciliano
1/4 de dente de alho
sal e pimenta-do-reino

MODO DE PREPARO

Prepare o homus: torre as sementes de gergelim no fogo médio em uma panela pequena por alguns minutos; em seguida, faça uma pasta (se necessário, adicione uma gota de azeite e utilize um processador de alimentos). Retire a pele dos grãos-de-bico e bata no liquidificador com o azeite, o suco de limão, o alho, a pasta de gergelim, o sal e a pimenta. Bata bem, diluindo com um pouco do líquido em que o grão-de-bico foi cozido, caso necessário. Descasque as cebolas e corte em fatias não muito finas. Salteie-as em uma frigideira com um fio de azeite até que fiquem macias, então tempere com sal e pimenta. Cubra as fatias de atum com sementes de gergelim e frite em uma frigideira com o azeite restante por 1 a 2 minutos de cada lado, dependendo do ponto desejado. Tempere com sal. Corte os pães ao meio e espalhe o homus. Coloque o atum, distribua as cebolas, cubra com as metades de cima dos pães e sirva.

Tempo de preparo: 30 min   Tempo de cozimento: 4 – 6 min
Nível de dificuldade: baixo

SANDUÍCHE DE SALMÃO, BETERRABA, TOMATE, MOLHO DE RAIZ-FORTE E LIMÃO NO PÃO INTEGRAL

INGREDIENTES PARA 4 SANDUÍCHES

4 pães integrais com cerca de 100 g cada
400 g de filé de salmão
2 tomates médios
2 beterrabas cozidas
1 pão branco com cerca de 80 g
1 pedaço de raiz-forte
20 mL (4 colheres de chá) de vinagre branco
1 limão-siciliano
4 g (1 colher de chá) de açúcar
25 mL (5 colheres de chá) de azeite extravirgem
sal e pimenta-do-reino

MODO DE PREPARO

Descasque a raiz-forte e rale-a bem fino.

Remova a casca do pão branco, esfarele o miolo e transfira para um processador com vinagre e açúcar. Enquanto bate, acrescente a raiz-forte aos poucos até que alcance o nível de picância desejado; em seguida acrescente 15 mL (3 colheres de chá) de azeite. Misture bem, tempere com sal e adicione raspas de limão.

Segmente o limão e corte a polpa. Descasque as beterrabas e corte-as em fatias. Lave e fatie os tomates.

Retire a pele do salmão, elimine quaisquer espinhas e corte em quatro filés pequenos. Tempere os filés com sal e pimenta e leve a uma grelha untada (ou em uma frigideira antiaderente) por 8 a 10 minutos.

Corte os pães integrais ao meio. Alterne as fatias de tomate e beterraba nas metades de baixo. Tempere com uma pitada de sal e um fio de azeite. Cubra com os filés de salmão. Coloque algumas colheradas do molho e alguns cubinhos de limão. Cubra com as metades de cima dos pães e sirva.

Tempo de preparo: 30 min   Tempo de cozimento: 8 – 10 min
Nível de dificuldade: médio

TRAMEZZINO DE CAMARÃO, PEPINO E MAIONESE

INGREDIENTES PARA 4 SANDUÍCHES

8 fatias de pão de forma
300 g de camarões sem cabeça
1 pepino médio (cerca de 280 g)
100 g (1/2 xícara) de maionese
15 mL (3 colheres de chá) de azeite extravirgem
2 g (1 colher de chá) de cebolinha picada
sal

MODO DE PREPARO

Descasque o pepino, retire as sementes e pique. Tempere com sal e permita que o líquido escorra por alguns minutos.

Enquanto isso, descasque e retire o intestino dos camarões. Transfira-os para uma assadeira, tempere levemente com sal, regue com azeite e asse a 180°C por cerca de 5 minutos. Retire do forno, deixe esfriar e corte em pedaços.

Escorra o pepino, seque com um papel-toalha e misture com os camarões. Adicione a maionese e a cebolinha picada.

Distribua os camarões e a mistura da maionese entre metade das fatias de pão. Cubra com as fatias restantes, corte ao meio e sirva.

Tempo de preparo: 25 min Tempo de cozimento: 5 min
Nível de dificuldade: baixo

TRAMEZZINO DE SALMÃO DEFUMADO, MASCARPONE, ESPINAFRE E MANGA

INGREDIENTES PARA 4 SANDUÍCHES

8 fatias de pão de forma sem casca
200 g (1 xícara) de mascarpone
200 g de salmão defumado, fatiado
25 g (3/4 de xícara) de espinafre
1 manga com cerca de 350 g
15 mL (3 colheres de chá) de azeite extravirgem
sal e pimenta-do-reino

MODO DE PREPARO

Escolha, lave e seque o espinafre.
Descasque a manga e corte-a em fatias um pouco finas.
Espalhe o mascarpone nas fatias de pão e tempere com um pouco de sal e pimenta.
Distribua o espinafre temperado com um fio de azeite entre metade das fatias.
Coloque o salmão por cima e tempere com uma pitada de pimenta.
Finalize com as fatias de manga. Cubra com as fatias restantes de pão com mascarpone e sirva.

Tempo de preparo: 15 min
Nível de dificuldade: baixo

TRAMEZZINO DE ATUM, MAIONESE E MILHO VERDE

INGREDIENTES PARA 4 SANDUÍCHES

8 fatias de pão de forma
200 g (3/4 de xícara) de maionese
125 g (1 xícara) de atum sólido em óleo
60 g (1/2 xícara) de milho verde enlatado
2 g (1 colher de chá) de *curry* em pó
sal

MODO DE PREPARO

Escorra o líquido da conserva do milho verde, enxágue em água corrente e escorra bem.
Escorra o óleo do atum.
Misture o *curry* em pó à maionese. Acrescente o atum escorrido e o milho verde.
Mexa com cuidado e tempere com sal, caso necessário.
Distribua a mistura resultante entre metade das fatias de pão, cubra com as metades restantes, corte diagonalmente em triângulos e sirva.

Tempo de preparo: 20 min
Nível de dificuldade: baixo

TRAMEZZINO DE TRUTA ARCO-ÍRIS, BATATA E OVOS COZIDOS

INGREDIENTES PARA 4 SANDUÍCHES

8 fatias de pão de forma
250 g de batatas
400 g de filé de truta arco-íris
100 g (1/2 xícara) de maionese
4 ovos cozidos
15 mL (3 colheres de chá) de azeite extravirgem
suco de 1/2 limão-siciliano
sal e pimenta-do-reino

MODO DE PREPARO

Tempere os filés de truta com sal e pimenta. Disponha-os em uma assadeira e regue com azeite.
Asse a 180°C por 13 a 15 minutos. Deixe cozinhar e divida o filé em pedaços. Tempere com algumas gotas de suco de limão. Enquanto isso, cozinhe as batatas com a casca por cerca de 20 minutos.
Deixe que esfriem, em seguida descasque, fatie e tempere com sal, pimenta e uma gota de azeite.
Corte os ovos cozidos em fatias utilizando um utensílio adequado.
Espalhe uma fina camada de maionese no pão.
Distribua as batatas entre a metade das fatias de pão. Cubra com a truta e finalize com os ovos cozidos.
Cubra com as fatias restantes de pão, corte em retângulos e sirva.

Tempo de preparo: 30 min   Tempo de cozimento: 33 – 35 min
Nível de dificuldade: baixo

ÍNDICE DE RECEITAS

ÍNDICE DE INGREDIENTES

Todas as fotografias pertencem à Academia Barilla, exceto:
©123RF: timer de cozinha; Juanmonino/iStockphoto: página 7;
Marco Mayer/123RF: página 9; monticello/123RF: páginas 2, 12;
photopips/123RF: página 128; tobi/123RF: página 15; Lilyana Vynogradova/123RF: página 10.

ACADEMIA BARILLA

EMBAIXADORA DA GASTRONOMIA ITALIANA PELO MUNDO

O Centro Barilla fica no coração de Parma, uma das mais ilustres capitais da culinária italiana. Estabelecido no prédio da antiga fábrica de massas Barilla, este moderno complexo arquitetônico é a casa da Academia Barilla, que foi fundada em 2004 com o objetivo de promover a cozinha italiana, protegendo o patrimônio gastronômico regional de imitações e falsificações e, ao mesmo tempo, incentivando as grandes tradições da indústria de restaurantes italiana. O local também é um centro de grande profissionalismo e talento, excepcional no mundo da gastronomia. Organiza aulas para entusiastas da culinária, oferecendo serviços para os profissionais envolvidos na indústria da alimentação e fornecendo produtos de alta qualidade. Em 2007, a Academia Barilla foi premiada com o "Premio Impresa-Cultura" por sua campanha de promoção da cultura e criatividade da cozinha italiana pelo mundo. O centro foi projetado para atender às necessidades de formação do mundo dos alimentos e é equipado com todas as facilidades tecnológicas necessárias para a organização de grandes eventos. O notável auditório gastronômico é rodeado por um restaurante, um laboratório de análise sensorial e várias salas de aula que possuem os mais modernos equipamentos. A Biblioteca Gastronômica contém mais de 11 mil livros e uma incrível coleção de menus históricos, assim como impressos relacionados a temas culinários. O vasto patrimônio cultural da biblioteca pode ser consultado na internet e oferece acesso a centenas de textos históricos digitalizados.

Essa abordagem de vanguarda e a presença de uma equipe de especialistas de renome internacional permitem que a Academia Barilla ofereça uma ampla gama de cursos, atendendo às necessidades tanto dos *chefs* de restaurantes como dos amantes de gastronomia. Além disso, organiza eventos culturais e atividades abertos ao público, com o objetivo de desenvolver a arte de cozinhar, supervisionados por especialistas, *chefs* e críticos de alimentos. Também dirige a "Academia Barilla Film Award", voltada para curtas-metragens dedicados às tradições culinárias da Itália.

www.academiabarilla.com

WHITE STAR PUBLISHERS

Título original em inglês: *Sandwiches - 50 easy recipes*
WS Edizioni White Star® é marca registrada propriedade da De Agostini Libri S.p.A.

www.whitestar.it - www.deagostini.it

Este livro contempla as regras do Acordo Ortográfico da Língua Portuguesa.

Editor gestor: Walter Luiz Coutinho Editora de traduções: Denise Yumi Chinem
Produção editorial: Priscila Pereira Mota Hidaka e Cláudia Lahr Tetzlaff
Assistência editorial: Gabriela Rocha Ribeiro, Michel Arcas Bezerra e Vinicius Asevedo Vieira
Tradução: Márcia Maria Men
Diagramação e revisão: Depto. editorial da Editora Manole

Este livro foi catalogado na CIP (Câmara Brasileira do Livro, SP, Brasil).
ISBN: 978-85-204-4199-2

Edição brasileira - 2015

Direitos em língua portuguesa adquiridos pela: Editora Manole Ltda.
Av. Ceci, 672 - Tamboré - 06460-120 - Barueri - SP - Brasil
Fone: (11) 4196-6000 - Fax: (11) 4196-6021
www.manole.com.br - info@manole.com.br

Impresso na China *Printed in China*